Editora Home
emersoncalejon@live.com

Citação

Coragem não é vencer
Qualquer animal feroz,
É manter a paciência
Agindo dentro de nós.

LOUCO É O MEU VIZINHO

Autor: Emerson Calejon

Louco é o meu vizinho

Emerson Calejon, Sr

Published by Emerson Calejon, Sr, 2024.

LOUCO É O MEU VIZINHO

First edition. April 28, 2024.

ISBN: 979-8224515615

Written by Emerson Calejon, Sr.

Sumário

Resumo

O livro "Louco é o meu Vizinho" nos faz pensar sobre os relacionamentos entre pessoas e a rotina na cidade sob a perspectiva das emoções intensas. Ele nos convida a reavaliar os obstáculos e alegrias, os momentos bons e ruins que surgem entre os indivíduos, pois tudo acaba se tornando comum em meio à anormalidade. Além disso, é um guia educativo que ensina sobre a mente e sua organização. Sugiro para aqueles interessados em conhecer mais sobre a psicologia humana. Convido a todos a se aventurarem na leitura desse livro. Agradecemos.

CAPÍTULO 1
Entendendo o Medo e a Ansiedade
Introdução ao Medo e à Ansiedade

O medo e a ansiedade são emoções complexas que desempenham um papel fundamental na vida das pessoas. O medo é uma resposta emocional a uma ameaça iminente, desencadeando reações fisiológicas e emocionais. Por outro lado, a ansiedade está relacionada à antecipação de ameaças futuras, muitas vezes acompanhada por sintomas físicos e emocionais. Neste capítulo, exploraremos em detalhes as definições, diferenças e manifestações do medo e da ansiedade.

Definição de Medo

O medo pode ser definido como uma resposta emocional a uma percebida ameaça iminente. Quando uma pessoa experimenta medo, seu corpo reage ativando o sistema nervoso simpático, desencadeando uma série de respostas fisiológicas. Essas respostas incluem aumento da frequência cardíaca, respiração acelerada, sudorese e tensão muscular. Em nível emocional, o medo pode causar sentimentos de terror, pavor e desamparo.

Aspectos Fisiológicos do Medo

Os aspectos fisiológicos do medo estão intimamente ligados à resposta de luta ou fuga do corpo. Quando confrontados com uma situação ameaçadora, o corpo libera hormônios do estresse, como o cortisol e a adrenalina, preparando-se para reagir rapidamente. Essa resposta fisiológica é crucial para a sobrevivência e tem sido moldada ao longo da evolução humana.

Aspectos Emocionais do Medo

Em nível emocional, o medo pode desencadear uma ampla gama de reações, desde ansiedade leve até pânico intenso. As pessoas podem experimentar medo em diferentes graus, dependendo da natureza da ameaça percebida e de suas experiências passadas. Além disso, o medo pode influenciar o pensamento, levando a preocupações excessivas e antecipação de perigo.

Definição de Ansiedade

A ansiedade é uma emoção caracterizada por sentimentos de apreensão, preocupação e medo em relação a eventos futuros, especialmente aqueles percebidos como ameaçadores. Enquanto o medo está associado a uma resposta a uma ameaça imediata, a ansiedade está relacionada à antecipação de perigo futuro. A ansiedade pode se manifestar de várias formas, desde preocupações persistentes até ataques de pânico.

Diferença entre Medo e Ansiedade

Uma distinção importante entre o medo e a ansiedade é o foco temporal e a natureza da ameaça percebida. Enquanto o medo está relacionado a uma ameaça imediata, a ansiedade está ligada a preocupações futuras e antecipação de perigo. Além disso, o medo geralmente desaparece quando a ameaça imediata é removida, enquanto a ansiedade pode persistir por longos períodos de tempo, mesmo na ausência de uma ameaça real.

Manifestações Físicas da Ansiedade

A ansiedade pode se manifestar através de uma variedade de sintomas físicos, incluindo palpitações, sudorese, tremores, tensão muscular, falta de ar e desconforto abdominal. Além disso, a ansiedade também pode desencadear sintomas emocionais, como nervosismo, irritabilidade, dificuldade de concentração e medo intenso. Esses sintomas podem variar em intensidade e duração, afetando significativamente a qualidade de vida das pessoas que vivenciam a ansiedade.

Retrato Biográfico

O medo e a ansiedade são emoções universais que afetam a todos em algum momento da vida. Entender como essas emoções se manifestam e como lidar com elas é essencial para o autoaperfeiçoamento e bem-estar.

Causas e Desencadeadores

As causas do medo e da ansiedade são multifacetadas, envolvendo uma combinação de fatores ambientais, biológicos e psicológicos.

Compreender essas causas é fundamental para o desenvolvimento de estratégias eficazes de prevenção e tratamento.

Fatores Ambientais

Os fatores ambientais desempenham um papel significativo no desencadeamento do medo e da ansiedade. Eventos traumáticos, estresse crônico e exposição a situações ameaçadoras podem contribuir para o desenvolvimento e a manutenção dessas emoções negativas.

Eventos Traumáticos

Eventos traumáticos, como abuso, violência, desastres naturais e experiências de vida extremamente estressantes, podem deixar um impacto duradouro no bem-estar emocional das pessoas. O trauma pode desencadear respostas de medo e ansiedade intensas, afetando a capacidade de lidar com situações semelhantes no futuro.

Estresse Crônico

O estresse crônico, resultante de demandas persistentes e sobrecarga emocional, pode contribuir para o desenvolvimento de ansiedade. A exposição prolongada ao estresse pode sobrecarregar os mecanismos de enfrentamento, levando a um aumento da vulnerabilidade emocional e ao surgimento de sintomas ansiosos.

Fatores Biológicos

Além dos fatores ambientais, a predisposição genética e os neurotransmissores desempenham um papel crucial na suscetibilidade ao medo e à ansiedade.

Genética e Predisposição

Estudos sugerem que a predisposição genética pode influenciar a vulnerabilidade de uma pessoa ao desenvolvimento de transtornos de ansiedade. Determinados genes podem aumentar a probabilidade de uma pessoa desenvolver medo e ansiedade em resposta a estímulos específicos.

Neurotransmissores Envolvidos

Os neurotransmissores, como a serotonina, a dopamina e a noradrenalina, desempenham um papel crucial na regulação do humor, da emoção e da resposta ao estresse. Desequilíbrios nesses neurotransmissores podem contribuir para o desenvolvimento de transtornos de ansiedade, afetando a percepção e o processamento emocional.

Impacto no Comportamento e na Saúde

O medo e a ansiedade podem ter um impacto significativo no comportamento e na saúde das pessoas que vivenciam essas emoções. Compreender esses efeitos é fundamental para a identificação precoce e o manejo adequado desses problemas emocionais.

Efeitos do Medo e da Ansiedade no Comportamento

O medo e a ansiedade podem influenciar o comportamento das pessoas de várias maneiras. Isso pode incluir evitação de situações temidas, comportamentos de segurança, hiperatividade, irritabilidade, dificuldade de concentração e insônia. Além disso, essas emoções podem impactar a capacidade de uma pessoa de desempenhar atividades cotidianas e manter relacionamentos saudáveis.

Consequências para a Saúde Física e Mental

As consequências do medo e da ansiedade para a saúde física e mental podem ser significativas. A exposição prolongada a essas emoções pode aumentar o risco de desenvolvimento de distúrbios psicológicos, como transtornos de ansiedade, depressão e estresse pós-traumático. Além disso, o estresse crônico associado ao medo e à ansiedade pode contribuir para o desenvolvimento de problemas de saúde física, como doenças cardiovasculares, distúrbios gastrointestinais e comprometimento do sistema imunológico.

Abordagens de Tratamento

O tratamento do medo e da ansiedade envolve uma abordagem multidisciplinar, que pode incluir terapias comportamentais, abordagens farmacológicas e estratégias de autocuidado. Cada abordagem tem como objetivo reduzir a intensidade e a frequência das emoções negativas, promovendo o bem-estar emocional e a qualidade de vida.

Terapias Comportamentais

As terapias comportamentais são uma abordagem eficaz no tratamento do medo e da ansiedade, visando modificar padrões de pensamento e comportamento disfuncionais.

Exposição Gradual

A exposição gradual é uma técnica comumente utilizada no tratamento de fobias e transtornos de ansiedade, que envolve a exposição controlada e gradual a situações temidas. Ao longo do tempo, a exposição repetida pode reduzir a intensidade do medo e promover a habituação a estímulos previamente temidos.

Técnicas de Relaxamento

As técnicas de relaxamento, como a respiração profunda, a meditação e o relaxamento muscular progressivo, podem ajudar a reduzir a ansiedade e promover a sensação de calma e bem-estar. Essas estratégias podem ser utilizadas como parte de um plano de autocuidado ou em combinação com outras abordagens terapêuticas.

Abordagens Farmacológicas

Os medicamentos podem ser prescritos para o tratamento do medo e da ansiedade, especialmente em casos de transtornos de ansiedade graves ou incapacitantes.

Medicamentos Ansiolíticos

Os medicamentos ansiolíticos, como benzodiazepínicos e buspirona, são prescritos para reduzir a ansiedade e promover a sensação de calma. No entanto, esses medicamentos devem ser utilizados com cautela devido ao risco de dependência e efeitos colaterais adversos.

Antidepressivos

Alguns antidepressivos, especialmente os inibidores seletivos de recaptação de serotonina (ISRS), são eficazes no tratamento de transtornos de ansiedade. Esses medicamentos ajudam a regular os neurotransmissores envolvidos na regulação do humor e da ansiedade, reduzindo a intensidade dos sintomas emocionais.

CAPÍTULO 2

Síndrome do Pânico: Camuflagem da Normalidade

Entendendo a Síndrome do Pânico

A Síndrome do Pânico é um transtorno de ansiedade caracterizado por ataques de pânico inesperados e recorrentes, acompanhados por um medo intenso de que algo terrível aconteça. Os ataques de pânico podem ocorrer a qualquer momento, mesmo durante o sono, e geralmente atingem o pico em poucos minutos, causando uma série de sintomas físicos e emocionais intensos.

Definição e Características

A Síndrome do Pânico é definida pela ocorrência de ataques de pânico inesperados, seguidos por preocupação persistente com a possibilidade de ter mais ataques e mudanças comportamentais relacionadas aos ataques. Os ataques de pânico são acompanhados por sintomas físicos e emocionais intensos, como palpitações, tremores, falta de ar, medo de morrer, entre outros.

Diferença entre Síndrome do Pânico e Outros Transtornos de Ansiedade

Embora a Síndrome do Pânico compartilhe semelhanças com outros transtornos de ansiedade, como o Transtorno de Ansiedade Generalizada e a Fobia Social, a principal diferença está na natureza dos ataques de pânico. Enquanto a Fobia Social é caracterizada pelo medo de situações sociais específicas e o Transtorno de Ansiedade Generalizada envolve preocupações persistentes e excessivas, a Síndrome do Pânico é marcada por ataques de pânico repentinos e imprevisíveis.

Fatores Desencadeadores

Os ataques de pânico podem ser desencadeados por uma variedade de fatores, incluindo gatilhos específicos e a relação com o estresse e a ansiedade do indivíduo.

Gatilhos Comuns

Alguns dos gatilhos mais comuns para ataques de pânico incluem situações de estresse intenso, como problemas financeiros, problemas de relacionamento, perda de emprego, entre outros. Além disso, certos ambientes ou estímulos sensoriais, como multidões, espaços fechados ou abertos, também podem desencadear ataques de pânico em algumas pessoas.

Relação com o Estresse e a Ansiedade

A Síndrome do Pânico está intimamente relacionada com o estresse e a ansiedade. Indivíduos que experimentam altos níveis de estresse crônico ou que têm dificuldade em lidar com a ansiedade cotidiana podem estar mais propensos a desenvolver ataques de pânico. O ciclo de estresse e ansiedade pode desencadear e perpetuar os ataques de pânico, criando um padrão de comportamento ansioso.

Retrato Biográfico

Síndrome do Pânico: Camuflagem da Normalidade

Fatores Desencadeadores

Relação com o Estresse e a Ansiedade

A Síndrome do Pânico está intimamente relacionada com o estresse e a ansiedade. Indivíduos que experimentam altos níveis de estresse crônico ou que têm dificuldade em lidar com a ansiedade cotidiana podem estar mais propensos a desenvolver ataques de pânico. O ciclo de estresse e ansiedade pode desencadear e perpetuar os ataques de pânico, criando um padrão de comportamento ansioso.

Manifestações e Sintomas

Os ataques de pânico são caracterizados por uma série de manifestações físicas e sintomas emocionais que podem ser extremamente debilitantes para o indivíduo.

Ataques de Pânico

Os ataques de pânico são episódios súbitos de medo intenso que desencadeiam uma resposta física e emocional avassaladora. Durante um ataque de pânico, a pessoa pode experimentar sintomas como palpitações, sudorese, tremores, falta de ar, sensação de sufocamento, dor no peito, náusea, tontura, medo de perder o controle ou enlouquecer, medo de morrer, entre outros.

Sintomas Físicos e Emocionais Associados

Além dos sintomas típicos de um ataque de pânico, os indivíduos também podem experimentar sintomas emocionais, como medo intenso, sensação de irrealidade, medo de perder o controle, entre outros. Esses sintomas podem ser tão avassaladores que a pessoa pode acreditar que está tendo um ataque cardíaco ou que está à beira da morte.

Pense e Reflita

A síndrome do pânico é uma condição que pode afetar qualquer pessoa, independentemente de sua aparência externa ou comportamento aparentemente "normal". Muitas vezes, as pessoas que sofrem com essa síndrome podem estar camuflando seus sintomas, escondendo seu sofrimento por trás de um sorriso ou uma atitude aparentemente tranquila. É importante lembrar que as aparências nem sempre refletem a realidade e que o sofrimento emocional pode estar presente mesmo onde não é aparente.

Impacto na Vida Diária

A Síndrome do Pânico pode ter um impacto significativo na vida diária do indivíduo, afetando suas relações interpessoais, profissionais e a capacidade de realizar atividades cotidianas.

Limitações e Restrições

Devido à imprevisibilidade dos ataques de pânico, os indivíduos podem se sentir limitados em suas atividades diárias, evitando situações que temem desencadear um ataque. Isso pode levar a um isolamento social e a restrições significativas em suas vidas.

Relações Interpessoais e Profissionais

Os ataques de pânico podem afetar negativamente as relações interpessoais e profissionais do indivíduo, levando a dificuldades de comunicação, isolamento social, perda de oportunidades profissionais e sentimentos de inadequação.

Diagnóstico e Avaliação

O diagnóstico da Síndrome do Pânico envolve a avaliação dos sintomas e a exclusão de outras condições médicas que possam estar causando os sintomas semelhantes.

Critérios Diagnósticos

Os critérios diagnósticos para a Síndrome do Pânico incluem a presença de ataques de pânico inesperados, seguidos por preocupação persistente com a possibilidade de ter mais ataques, mudanças comportamentais relacionadas aos ataques e exclusão de outras condições médicas que possam estar causando os sintomas.

Avaliação Multidisciplinar

O diagnóstico e a avaliação da Síndrome do Pânico geralmente envolvem uma abordagem multidisciplinar, que pode incluir a avaliação de um psiquiatra, psicólogo, terapeuta ou outro profissional de saúde mental, juntamente com exames médicos para descartar outras condições médicas.

Abordagens de Tratamento

O tratamento da Síndrome do Pânico pode envolver uma combinação de terapias cognitivo-comportamentais e o uso de medicamentos para controlar os sintomas e promover a recuperação.

Terapias Cognitivo-Comportamentais

As terapias cognitivo-comportamentais, como a terapia de exposição e a terapia cognitiva, são frequentemente utilizadas no tratamento da Síndrome do Pânico para ajudar os indivíduos a enfrentar seus medos, identificar e modificar pensamentos distorcidos e aprender estratégias de enfrentamento eficazes.

Uso de Medicamentos

Os medicamentos, como os antidepressivos e os ansiolíticos, podem ser prescritos para ajudar a controlar os sintomas de ansiedade e prevenir ataques de pânico. Esses medicamentos podem ser usados em conjunto com a terapia cognitivo-comportamental para um tratamento mais abrangente.

CAPÍTULO 3

Neurotransmissores e Visão Distorcida
Neurotransmissores e Funções

Os neurotransmissores desempenham um papel fundamental no funcionamento do sistema nervoso, influenciando uma variedade de funções fisiológicas e comportamentais. Entre os principais neurotransmissores, destacam-se a serotonina, a dopamina e a noradrenalina.

Serotonina

A serotonina é conhecida por desempenhar um papel crucial na regulação do humor, sono, apetite e função sexual. Além disso, ela também está envolvida na modulação da ansiedade, da agressividade e da sensibilidade à dor.

Dopamina

A dopamina é amplamente reconhecida por seu papel no sistema de recompensa do cérebro, influenciando a motivação, o prazer e a aprendizagem. Ela também desempenha um papel importante no controle motor e nas funções executivas do cérebro.

Noradrenalina

A noradrenalina está associada à resposta de luta ou fuga, desempenhando um papel crucial na regulação do estresse, da atenção e do humor. Além disso, ela também influencia a formação de memórias e a regulação do sono.

Relação entre Neurotransmissores e Percepção

Os neurotransmissores exercem uma influência significativa na percepção sensorial, na cognição e no comportamento. Suas interações complexas desempenham um papel fundamental na forma como percebemos e respondemos ao mundo ao nosso redor.

Impacto na Percepção Sensorial

A atividade dos neurotransmissores pode modular a percepção sensorial, afetando a forma como processamos estímulos visuais, auditivos, táteis e olfativos. Alterações nos níveis de neurotransmissores podem levar a distorções na percepção sensorial, influenciando a forma como interpretamos o ambiente.

Influência na Cognição e no Comportamento

Os neurotransmissores desempenham um papel crucial na cognição e no comportamento, influenciando processos como atenção, memória, tomada de decisão e regulação emocional. Alterações nos níveis de neurotransmissores podem afetar a percepção de eventos e a resposta comportamental a eles.

Fatos e Estatísticas Rápidos

Os neurotransmissores desempenham um papel crucial na cognição e no comportamento, influenciando processos como atenção, memória, tomada de decisão e regulação emocional. Alterações nos níveis de neurotransmissores podem afetar a percepção de eventos e a resposta comportamental a eles.

Distorções na Percepção

Em alguns casos, distorções na percepção podem ocorrer como resultado de alterações nos níveis ou na atividade dos neurotransmissores. Essas distorções podem se manifestar de várias maneiras, incluindo ilusões, alucinações e percepção alterada de estímulos externos.

Ilusões e Alucinações

Ilusões são distorções perceptivas que ocorrem em resposta a estímulos reais, levando a interpretações equivocadas da realidade. Por outro lado, as alucinações envolvem a percepção de estímulos que não estão presentes, podendo afetar qualquer um dos sentidos.

Percepção Alterada de Estímulos Externos

A percepção alterada de estímulos externos pode resultar em distorções sensoriais, levando a uma interpretação distorcida do ambiente. Essas alterações na percepção podem estar relacionadas a desequilíbrios nos neurotransmissores e podem impactar significativamente a experiência subjetiva do mundo.

CAPÍTULO 4

Papel Social e Convivência com a Diferença

Importância da Convivência Social

A convivência social desempenha um papel fundamental no desenvolvimento e bem-estar das pessoas. A interação com indivíduos de diferentes origens, culturas e experiências enriquece a vida e contribui para a formação de uma sociedade mais inclusiva e acolhedora. Através da convivência social, as pessoas têm a oportunidade de compartilhar ideias, aprender uns com os outros e construir relacionamentos significativos.

O impacto da convivência social na saúde mental também é significativo. A sensação de pertencimento a um grupo, a troca de afeto e a sensação de apoio mútuo são aspectos essenciais para a saúde emocional e psicológica. A solidão e o isolamento, por outro lado, podem levar a problemas de saúde mental, como ansiedade e depressão.

Diversidade e Inclusão

A diversidade é uma característica intrínseca da sociedade, e a inclusão é fundamental para garantir que todas as pessoas se sintam valorizadas e respeitadas. Valorizar a diferença significa reconhecer e celebrar as diversas origens, identidades, crenças e experiências que enriquecem a sociedade. A inclusão social envolve a criação de espaços e oportunidades que permitam a participação plena e igualitária de todos, independentemente de suas diferenças.

No entanto, a inclusão social também apresenta desafios. Muitas vezes, as barreiras sociais, econômicas e culturais dificultam a participação equitativa de certos grupos, levando à exclusão e marginalização. É fundamental enfrentar esses desafios e promover a inclusão ativa, garantindo que todos tenham acesso aos mesmos direitos e oportunidades.

Estigma e Preconceito

O estigma e o preconceito têm um impacto significativo na sociedade, criando barreiras para a inclusão e contribuindo para a discriminação e a desigualdade. O estigma social pode levar à exclusão de grupos minoritários, prejudicando sua autoestima e bem-estar emocional. Além disso, o preconceito pode se manifestar de várias formas, desde atitudes discriminatórias até a negação de oportunidades iguais.

Combater o estigma e o preconceito requer esforços coletivos para promover a conscientização, educar as pessoas sobre a importância da diversidade e criar políticas e práticas que garantam a igualdade de tratamento para todos. A luta contra o estigma e o preconceito é fundamental para construir uma sociedade mais justa e inclusiva.

Empatia e Compreensão

A empatia desempenha um papel crucial na convivência social e na promoção da compreensão mútua. Desenvolver a empatia significa ser capaz de se colocar no lugar do outro, compreender suas experiências e sentimentos, e agir de maneira compassiva. A empatia é essencial para construir relacionamentos saudáveis e para promover a solidariedade e o apoio mútuo.

Promover a compreensão mútua envolve a prática da empatia, bem como o incentivo à escuta ativa e à abertura para aprender com as experiências e perspectivas dos outros. Através da empatia e da compreensão, é possível construir pontes entre diferentes grupos e promover a harmonia e a cooperação na sociedade.

CAPÍTULO 5
Transtorno Obsessivo e Hostilidade

Compreendendo o Transtorno Obsessivo

Características e Sintomas

O transtorno obsessiva-compulsivo (TOC) é caracterizado por pensamentos obsessivos e comportamentos compulsivos que interferem significativamente na vida diária da pessoa. Os sintomas obsessivos podem incluir medos irracionais, preocupações com a limpeza, simetria ou ordem, pensamentos intrusivos e indesejados, entre outros. Os comportamentos compulsivos são a resposta a esses pensamentos, e podem envolver rituais repetitivos, verificação constante, lavagem excessiva das mãos, entre outros.

Esses sintomas podem consumir uma quantidade significativa de tempo e causar sofrimento significativo, afetando a capacidade da pessoa de funcionar no trabalho, na escola ou nos relacionamentos interpessoais.

Padrões Comportamentais

Os padrões comportamentais associados ao TOC podem variar de pessoa para pessoa, mas geralmente envolvem a repetição de certas ações para aliviar a ansiedade causada pelos pensamentos obsessivos. Esses comportamentos podem se tornar rituais rígidos e disruptivos, levando a um ciclo vicioso de pensamentos obsessivos e comportamentos compulsivos.

Você Sabia?

O Transtorno Obsessiva-compulsivo (TOC) afeta aproximadamente 2% da população mundial, sendo mais comum em mulheres do que em homens.

Os sintomas do TOC podem incluir pensamentos intrusivos, impulsos indesejados e comportamentos repetitivos, como lavar as mãos excessivamente ou verificar repetidamente se as portas estão trancadas.

Impacto na Qualidade de Vida

Restrições e Limitações

O TOC pode resultar em restrições significativas na vida diária da pessoa afetada. As obsessões e compulsões consomem tempo e energia, levando a dificuldades em cumprir responsabilidades profissionais, acadêmicas e sociais. Isso pode levar a um isolamento social e a uma diminuição na qualidade de vida.

Relações Interpessoais

O impacto do TOC nas relações interpessoais pode ser significativo. Os comportamentos compulsivos podem ser mal compreendidos por amigos e familiares, levando a conflitos e dificuldades de comunicação. Além disso, o estresse causado pelo TOC pode afetar negativamente os relacionamentos, levando a sentimento de frustração e incompreensão.

Hostilidade e Comportamento Agressivo

Manifestações de Hostilidade

Em alguns casos, o TOC pode estar associado a manifestações de hostilidade e comportamento agressivo. Isso pode ocorrer quando a pessoa se sente incapaz de controlar seus pensamentos obsessivos e comportamentos compulsivos, levando a sentimento de frustração e raiva. Esses sentimentos podem se manifestar em explosões emocionais e comportamentos agressivos em relação a si mesmo ou aos outros.

Fatores Desencadeadores

Os fatores desencadeadores de hostilidade e comportamento agressivo em pessoas com TOC podem incluir o estresse causado pelas obsessões e compulsões, a incapacidade de cumprir padrões autoimpostos de comportamento e a incompreensão por parte dos outros. É importante reconhecer esses fatores desencadeadores e buscar estratégias de manejo e suporte adequadas.

CAPÍTULO 6

Aspectos Emocionais e Comportamentais

Inteligência Emocional

A inteligência emocional é a capacidade de reconhecer, compreender e gerenciar as próprias emoções, bem como as emoções dos outros. Ela desempenha um papel fundamental no desenvolvimento pessoal e nas interações sociais. A importância da inteligência emocional reside na sua capacidade de influenciar o comportamento, as decisões e as relações interpessoais de forma positiva.

O desenvolvimento da inteligência emocional envolve a prática da autorreflexão, a busca por autoconhecimento e a adoção de estratégias para lidar com as emoções de maneira saudável. Através do desenvolvimento da inteligência emocional, as pessoas podem melhorar sua capacidade de lidar com o estresse, resolver conflitos e estabelecer relacionamentos mais significativos.

Regulação Emocional

A regulação emocional refere-se à capacidade de gerenciar e controlar as próprias emoções em diferentes situações. Isso inclui a habilidade de identificar as emoções, compreender suas causas e consequências, e adotar estratégias eficazes para lidar com elas. A regulação emocional tem um impacto significativo no comportamento, influenciando as respostas a estímulos externos e as interações sociais.

Existem diversas estratégias de regulação emocional, como a prática da atenção plena (mindfulness), a expressão emocional através da arte ou da escrita, e a busca por apoio social. A capacidade de regular as emoções de forma saudável está associada a uma maior resiliência e bem-estar psicológico, contribuindo para uma vida mais equilibrada e satisfatória.

Comportamento Adaptativo

O comportamento adaptativo refere-se à capacidade de se ajustar e responder de forma eficaz às demandas do ambiente e das interações sociais. Isso inclui a capacidade de se adaptar ao contexto social, demonstrar resiliência diante de desafios e manter uma postura flexível diante de mudanças. O comportamento adaptativo é essencial para o bem-estar psicológico e a qualidade de vida.

A adaptação ao contexto social envolve a compreensão das normas, valores e expectativas sociais, bem como a capacidade de se integrar de forma saudável e construtiva. A resiliência e a flexibilidade, por sua vez, permitem lidar com adversidades, superar obstáculos e manter uma atitude positiva diante das mudanças e desafios da vida

CAPÍTULO 7

Observando e Compreendendo as Diferenças

Percepção da Diversidade

A percepção da diversidade é fundamental para a construção de uma sociedade mais inclusiva e justa. Valorizar a diferença é reconhecer a riqueza que cada indivíduo traz para o convívio social. Ao compreender e respeitar as diversas formas de ser e estar no mundo, promovemos um ambiente mais acolhedor e enriquecedor para todos.

A valorização da diferença não se limita apenas à tolerância, mas sim à apreciação das contribuições únicas que cada pessoa pode oferecer. É importante reconhecer que a diversidade enriquece a experiência humana, trazendo novas perspectivas, ideias e formas de expressão.

Por outro lado, a construção de estereótipos pode limitar a percepção da diversidade, reduzindo as pessoas a categorias simplificadas e muitas vezes distorcidas. É essencial desconstruir esses estereótipos e buscar enxergar além das aparências, valorizando a singularidade de cada indivíduo.

Desafios da Compreensão

Os desafios da compreensão da diversidade estão intrinsecamente ligados às barreiras na comunicação. Muitas vezes, a falta de diálogo e a incompreensão mútua podem dificultar a interação entre pessoas de diferentes origens, culturas e experiências. É fundamental superar essas barreiras, promovendo a empatia e a sensibilidade na comunicação.

A empatia e a sensibilidade são ferramentas essenciais para a compreensão das diferenças. Ao colocar-se no lugar do outro e buscar compreender suas vivências, podemos estabelecer conexões mais profundas e significativas. A escuta ativa e o acolhimento das experiências alheias são fundamentais para superar os desafios da compreensão da diversidade.

Promoção da Inclusão

A promoção da inclusão social requer a implementação de estratégias que visem a acolher e integrar indivíduos diversos em todos os âmbitos da sociedade. Isso inclui a criação de espaços seguros e acessíveis, a valorização das diferentes formas de expressão e a garantia de oportunidades equitativas para todos.

Além disso, a desmistificação de preconceitos é essencial para a promoção da inclusão. É necessário desconstruir ideias preconcebidas e promover uma cultura de respeito e valorização da diversidade. Isso envolve a educação, a conscientização e a promoção de debates que visem a ampliar a compreensão e o respeito mútuo.

CAPÍTULO 8
A Aparência Versus a Realidade
Percepção e Julgamento

A percepção e o julgamento são aspectos fundamentais da interação humana. A influência da aparência nas nossas percepções e julgamentos é um fenômeno amplamente estudado na psicologia social. A primeira impressão muitas vezes é baseada na aparência física, e isso pode afetar significativamente a forma como somos percebidos e avaliados pelos outros.

Ao longo da história, a sociedade tem atribuído significados e valores à aparência das pessoas, criando estereótipos e preconceitos que influenciam a forma como interagimos uns com os outros. A aparência pode ser usada como um filtro inicial para formar opiniões e tomar decisões, o que pode levar a julgamentos superficiais e imprecisos.

Influência da Aparência

A influência da aparência vai além da primeira impressão. Estudos mostram que a atratividade física pode impactar a percepção de competência, confiança e até mesmo a probabilidade de sucesso em diversas áreas da vida, como no ambiente de trabalho, nas relações interpessoais e até mesmo no sistema judiciário.

Além disso, a maneira como nos vestimos, nossa linguagem corporal e até mesmo o tom de voz podem influenciar a forma como somos percebidos. Esses elementos contribuem para a construção da nossa imagem social e podem afetar as oportunidades que nos são oferecidas.

Efeitos do Julgamento

Os efeitos do julgamento baseado na aparência podem ser profundos e duradouros. Pessoas que não se encaixam nos padrões estabelecidos pela sociedade podem enfrentar discriminação e exclusão, o que pode afetar sua autoestima, oportunidades de emprego e relacionamentos pessoais.

Além disso, o julgamento baseado na aparência pode levar a estereótipos prejudiciais e à perpetuação de desigualdades sociais. É importante reconhecer a influência da aparência em nossas interações e buscar formas de promover uma avaliação mais justa e equitativa das pessoas.

Fatos e Estatísticas Rápidos
A Aparência Versus a Realidade
Percepção e Julgamento

Os efeitos do julgamento baseado na aparência podem ser profundos e duradouros. Pessoas que não se encaixam nos padrões estabelecidos pela sociedade podem enfrentar discriminação e exclusão, o que pode afetar sua autoestima, oportunidades de emprego e relacionamentos pessoais.

Além disso, o julgamento baseado na aparência pode levar a estereótipos prejudiciais e à perpetuação de desigualdades sociais. É importante reconhecer a influência da aparência em nossas interações e buscar formas de promover uma avaliação mais justa e equitativa das pessoas.

Máscaras Sociais

A sociedade muitas vezes impõe expectativas e normas de comportamento que podem levar as pessoas a adotar "máscaras sociais", ou seja, a se conformar a padrões pré-estabelecidos em detrimento de sua autenticidade. A pressão social para se encaixar e corresponder a determinados padrões pode levar à adoção de comportamentos e atitudes que não refletem a verdadeira identidade de uma pessoa.

Essa conformidade pode resultar em uma desconexão entre a aparência externa e a realidade interna, levando as pessoas a esconderem suas verdadeiras emoções, opiniões e identidades para se encaixarem em determinados grupos ou contextos sociais.

Conformidade e Pressão Social

A conformidade social é um fenômeno amplamente estudado na psicologia, e está relacionada à pressão que as pessoas sentem para se ajustarem às expectativas e normas do grupo. Essa pressão pode levar à supressão de características individuais e à adoção de comportamentos que não refletem a verdadeira essência de uma pessoa.

A necessidade de pertencimento e aceitação social muitas vezes leva as pessoas a mascararem suas verdadeiras identidades, o que pode gerar conflitos internos e impactar negativamente a saúde mental e emocional.

Autenticidade e Autenticidade

A busca pela autenticidade é fundamental para o bem-estar psicológico e emocional. A capacidade de expressar-se de forma genuína e verdadeira, sem a necessidade de se esconder por trás de máscaras sociais, é essencial para o desenvolvimento de relacionamentos saudáveis e significativos.

É importante promover um ambiente que valorize a autenticidade e encoraje as pessoas a se expressarem de forma genuína, sem medo de julgamentos ou rejeições. A aceitação da diversidade e a valorização das diferenças são fundamentais para a construção de uma sociedade mais inclusiva e acolhedora.

Autoimagem e Autoconceito

A autoimagem e o autoconceito são construções internas que podem ser influenciadas pela percepção externa. A forma como somos vistos e avaliados pelos outros pode impactar significativamente a nossa autoconfiança e autoestima, moldando a maneira como nos vemos e nos sentimos em relação a nós mesmos.

O desenvolvimento da autoconfiança e de uma autoimagem positiva é essencial para o bem-estar emocional e a saúde mental. A aceitação de si mesmo, independentemente da percepção alheia, é um processo fundamental para a construção de uma identidade sólida e saudável.

Impacto da Percepção Externa

A percepção externa pode influenciar a forma como nos vemos, levando-nos a internalizar os julgamentos e expectativas dos outros. A busca pela aprovação e validação externa pode levar à adoção de comportamentos e atitudes que não refletem a verdadeira essência de uma pessoa, resultando em uma desconexão entre a autoimagem e a realidade interna.

É importante desenvolver a capacidade de se autoavaliar de forma crítica e construtiva, reconhecendo e valorizando as próprias qualidades e potencialidades, independentemente da percepção alheia.

Desenvolvimento da Autoconfiança

O desenvolvimento da autoconfiança é um processo contínuo que envolve a aceitação de si mesmo, o reconhecimento das próprias habilidades e a construção de uma autoimagem positiva e realista. A autoconfiança é fundamental para a tomada de decisões, a assertividade e a capacidade de enfrentar desafios e adversidades com resiliência.

Promover a autoconfiança envolve a valorização das próprias conquistas e a capacidade de lidar com as críticas de forma construtiva, reconhecendo que a verdadeira validação vem de dentro, e não da percepção externa.

CAPÍTULO 9
Comunicação e Convivência Social
Comunicação Interpessoal

A comunicação interpessoal é a troca de informações, sentimentos e significados através de símbolos, gestos, expressões faciais, linguagem verbal e não verbal entre duas ou mais pessoas. Os elementos da comunicação incluem o emissor, receptor, mensagem, canal, código e contexto. Cada um desses elementos desempenha um papel crucial na compreensão e na eficácia da comunicação.

As barreiras na comunicação podem surgir devido a diferenças culturais, linguísticas, emocionais, físicas, psicológicas e ambientais. Essas barreiras podem dificultar a compreensão mútua e levar a mal-entendidos. É essencial reconhecer e superar essas barreiras para promover uma comunicação eficaz e saudável.

Habilidades Sociais

As habilidades sociais são competências que permitem a uma pessoa interagir de forma eficaz e harmoniosa com os outros. A empatia e a escuta ativa são habilidades fundamentais que envolvem a capacidade de compreender e se colocar no lugar do outro, bem como demonstrar interesse genuíno pelo que a outra pessoa está comunicando.

A assertividade e a resolução de conflitos são habilidades que permitem expressar opiniões, desejos e sentimentos de forma clara e respeitosa, ao mesmo tempo em que lidam de maneira construtiva com situações de conflito e desacordo.

Cultura e Comunicação

A cultura desempenha um papel significativo na comunicação, influenciando as normas, valores, crenças e comportamentos das pessoas. A diversidade cultural traz uma variedade de estilos de comunicação, expressão e interação social. É importante reconhecer e respeitar essas diferenças culturais para promover uma comunicação eficaz e inclusiva.

A adaptação cultural envolve a capacidade de ajustar a comunicação e o comportamento de acordo com as normas e expectativas culturais do ambiente em que se está inserido. Isso requer sensibilidade, flexibilidade e abertura para compreender e se adaptar a diferentes contextos culturais.

CAPÍTULO 10

Distúrbios do Humor e Bipolaridade

Entendendo os Distúrbios do Humor

Os distúrbios do humor são condições psiquiátricas que afetam o estado emocional e o equilíbrio mental das pessoas. Existem diferentes tipos de distúrbios do humor, sendo os mais comuns a depressão e a bipolaridade. Essas condições podem ter um impacto significativo na qualidade de vida e no funcionamento diário dos indivíduos.

Tipos de Distúrbios do Humor

Os principais tipos de distúrbios do humor incluem a depressão unipolar, a depressão bipolar (transtorno bipolar), a distimia (depressão crônica) e o transtorno ciclotímico. Cada um desses distúrbios apresenta características específicas em relação à duração, intensidade e padrão dos sintomas.

Causas e Fatores de Risco

As causas dos distúrbios do humor são multifatoriais, envolvendo uma combinação complexa de fatores genéticos, biológicos, psicológicos e ambientais. Fatores de risco, como histórico familiar de transtornos do humor, eventos estressantes, desequilíbrios químicos no cérebro e condições médicas, também podem contribuir para o desenvolvimento dessas condições.

Sintomas e Diagnóstico

Os sintomas dos distúrbios do humor variam de acordo com o tipo específico de transtorno, mas geralmente envolvem alterações no humor, no sono, no apetite, na energia e no funcionamento cognitivo. O diagnóstico preciso dessas condições requer uma avaliação abrangente dos sintomas e do histórico médico do paciente.

Sintomas de Depressão

Os sintomas de depressão podem incluir tristeza persistente, perda de interesse ou prazer em atividades anteriormente apreciadas, alterações no sono e no apetite, fadiga, sentimentos de inutilidade, dificuldade de concentração e pensamentos suicidas.

Sintomas de Mania

A fase de mania no transtorno bipolar é caracterizada por um humor elevado ou irritável, aumento da energia, diminuição da necessidade de sono, comportamento impulsivo, pensamento acelerado e grandiosidade. Esses sintomas podem causar prejuízos significativos no funcionamento social e ocupacional do indivíduo.

Pense e Reflita

Como você pode ajudar alguém que está passando por um episódio de mania no transtorno bipolar? A compreensão e o apoio são fundamentais para auxiliar a pessoa a buscar tratamento e lidar com os desafios dessa condição. Ofereça seu suporte e encorajamento, e esteja atento aos sinais de alerta para buscar ajuda profissional quando necessário.

Tratamento e Gerenciamento

O tratamento dos distúrbios do humor geralmente envolve uma abordagem multidisciplinar, que pode incluir psicoterapia, medicação, suporte social e mudanças no estilo de vida. O gerenciamento eficaz dessas condições visa estabilizar o humor, reduzir os sintomas e melhorar a qualidade de vida do paciente.

Abordagens Terapêuticas

As abordagens terapêuticas para os distúrbios do humor podem incluir a terapia cognitivo-comportamental (TCC), a terapia interpessoal, a terapia familiar e a terapia de grupo. Essas modalidades terapêuticas visam ajudar o paciente a compreender e lidar com seus sintomas, pensamentos e emoções de forma mais adaptativa.

Estratégias de Gerenciamento

Além das intervenções terapêuticas, estratégias de gerenciamento incluem a adesão ao tratamento medicamentoso, a manutenção de um estilo de vida saudável, a busca de apoio social e a identificação e manejo de fatores desencadeantes. O autocuidado e a prevenção de recaídas também são aspectos essenciais do gerenciamento dos distúrbios do humor.

CAPÍTULO 11
Dissociação e Dupla Vinculação
Compreendendo a Dissociação

A dissociação é um fenômeno psicológico complexo que envolve a desconexão ou separação de elementos da experiência consciente, resultando em uma ruptura na integração normal de pensamentos, memórias, identidade e percepção. Essa condição pode se manifestar de várias formas e geralmente está associada a situações de estresse extremo, trauma ou transtornos dissociativos.

Definição e Características

A dissociação pode ser definida como um mecanismo de defesa psicológica que permite à mente lidar com experiências avassaladoras, separando-se temporariamente da realidade percebida. Indivíduos que experimentam dissociação podem sentir-se desconectados de si mesmos, de seus pensamentos, emoções e sensações corporais, como se estivessem observando a própria vida de fora do próprio corpo.

Além disso, a dissociação pode se manifestar por meio de lapsos de memória, onde partes significativas do passado são esquecidas, ou em episódios de despersonalização, nos quais a pessoa se sente estranhamente distante de si mesma, como se fosse um observador externo de suas próprias ações e pensamentos.

Tipos de Dissociação

Existem diferentes tipos de dissociação, que variam em termos de intensidade e manifestação. Alguns dos tipos mais comuns incluem a amnésia dissociativa, a despersonalização, a desrealização e a fuga dissociativa. Cada um desses tipos apresenta características específicas e pode impactar a vida diária do indivíduo de maneiras distintas.

Retrato Biográfico

Dissociação e Dupla Vinculação
Capítulo 11: Dissociação e Dupla Vinculação
Compreendendo a Dissociação
Tipos de Dissociação

- Existem diferentes tipos de dissociação, que variam em termos de intensidade e manifestação. Alguns dos tipos mais comuns incluem a amnésia dissociativa, a despersonalização, a desrealização e a fuga dissociativa. Cada um desses tipos apresenta características específicas e pode impactar a vida diária do indivíduo de maneiras distintas.

Dupla Vinculação

A dupla vinculação é um conceito que se refere a situações em que uma pessoa recebe mensagens contraditórias, ambíguas ou conflitantes, especialmente no contexto de relações interpessoais, o que pode levar a um estado de confusão e estresse psicológico. Essa dinâmica pode contribuir para o desenvolvimento de padrões disfuncionais de pensamento e comportamento, impactando a saúde mental e emocional do indivíduo.

Conceito e Dinâmica

No contexto da dupla vinculação, a pessoa se encontra em uma posição na qual não importa qual ação ela tome, estará em desvantagem. Isso pode ocorrer em relações familiares, profissionais ou sociais, e cria um ambiente no qual a pessoa se sente incapaz de satisfazer as expectativas conflitantes que lhe são impostas. Essa ambiguidade pode gerar ansiedade, estresse e dificuldades de adaptação.

Efeitos e Impacto

A exposição prolongada a situações de dupla vinculação pode ter efeitos significativos na saúde mental e emocional, levando a um aumento do risco de desenvolvimento de transtornos de ansiedade, depressão e dificuldades de relacionamento. Além disso, a pessoa pode internalizar a ambiguidade e a contradição, resultando em uma visão distorcida de si mesma e do mundo ao seu redor.

CAPÍTULO 12

Tratamentos e Medicamentos: Imipramina e Fluoxetina

A imipramina é um medicamento pertencente à classe dos antidepressivos tricíclicos, atuando como inibidor da recaptação de serotonina e noradrenalina. Seu mecanismo de ação está relacionado à modulação dos níveis desses neurotransmissores no cérebro, contribuindo para o alívio dos sintomas de depressão e outros transtornos psiquiátricos.

Além de sua ação no sistema nervoso central, a imipramina também pode influenciar outros sistemas do corpo, como o cardiovascular, devido aos seus efeitos sobre os receptores adrenérgicos. Isso requer atenção especial durante o uso clínico, especialmente em pacientes com condições cardíacas pré-existentes.

Mecanismo de Ação

O mecanismo de ação da imipramina envolve a inibição da captação de serotonina e noradrenalina pelas células nervosas, resultando em um aumento da disponibilidade desses neurotransmissores nas sinapses neuronais. Isso, por sua vez, pode levar a uma melhora nos sintomas de depressão, ansiedade e outros distúrbios relacionados.

Além disso, a imipramina também possui afinidade por receptores colinérgicos, histaminérgicos e adrenérgicos, o que contribui para seus efeitos farmacológicos abrangentes.

Indicações e Uso Clínico

A imipramina é indicada principalmente para o tratamento de quadros depressivos, transtorno do pânico, transtorno obsessivo-compulsivo (TOC) e enurese noturna em crianças. Seu uso clínico requer uma avaliação cuidadosa do histórico médico do paciente, incluindo a presença de condições cardíacas, histórico de convulsões e outras comorbidades.

É importante ressaltar que a imipramina deve ser prescrita e administrada por profissionais de saúde qualificados, devido aos potenciais efeitos colaterais e interações medicamentosas associadas a esse medicamento.

Você Sabia?

Tratamentos e Medicamentos: Imipramina e Fluoxetina

Imipramina

A imipramina é indicada principalmente para o tratamento de quadros depressivos, transtorno do pânico, transtorno obsessivo-compulsivo (TOC) e enurese noturna em crianças. Seu uso clínico requer uma avaliação cuidadosa do histórico médico do paciente, incluindo a presença de condições cardíacas, histórico de convulsões e outras comorbidades.

É importante ressaltar que a imipramina deve ser prescrita e administrada por profissionais de saúde qualificados, devido aos potenciais efeitos colaterais e interações medicamentosas associadas a esse medicamento.

Fluoxetina

A fluoxetina é um medicamento classificado como inibidor seletivo da recaptação de serotonina (ISRS), sendo amplamente utilizado no tratamento de transtornos de humor, como a depressão, transtorno obsessivo-compulsivo (TOC), bulimia nervosa e síndrome do pânico. Sua eficácia e perfil de segurança fizeram dela uma das opções terapêuticas mais prescritas em todo o mundo.

Além de suas aplicações no campo da psiquiatria, a fluoxetina também tem sido investigada em estudos clínicos para o tratamento de outras condições, como transtornos de ansiedade, síndrome pré-menstrual, transtorno disfórico pré-menstrual (TDPM) e até mesmo alguns distúrbios alimentares.

Mecanismo de Ação

O mecanismo de ação da fluoxetina está relacionado à inibição seletiva da recaptação de serotonina, levando a um aumento da disponibilidade desse neurotransmissor nas sinapses neuronais. Esse efeito modulador sobre a serotonina é considerado fundamental para a eficácia terapêutica da fluoxetina em transtornos de humor e ansiedade.

Além disso, a fluoxetina também pode exercer efeitos sobre outros sistemas neurotransmissores, como a dopamina e a noradrenalina, embora em menor grau em comparação com a serotonina.

Aplicações Terapêuticas

A fluoxetina é amplamente utilizada no tratamento de transtornos depressivos, incluindo a depressão maior e distimia. Além disso, é uma opção terapêutica importante para o manejo do transtorno obsessivo-compulsivo (TOC), devido à sua capacidade de reduzir os sintomas obsessivos e compulsivos associados a essa condição.

Outras aplicações terapêuticas da fluoxetina incluem o tratamento da bulimia nervosa, síndrome do pânico, transtorno de ansiedade generalizada (TAG) e transtorno disfórico pré-menstrual (TDPM), entre outras condições psiquiátricas.

CAPÍTULO 13
Personalidade Esquiva e Perseguição

Características da Personalidade Esquiva

A personalidade esquiva é caracterizada por um padrão de esquiva social, sentimentos de inadequação e extrema sensibilidade à avaliação negativa. Indivíduos com esse padrão de personalidade tendem a evitar situações sociais e interações interpessoais devido ao medo de críticas ou rejeição. Eles podem parecer tímidos, inibidos e inseguros em ambientes sociais, o que pode impactar significativamente sua qualidade de vida.

Definição e Sintomas

A personalidade esquiva, também conhecida como transtorno de personalidade esquiva, é caracterizada por uma sensação crônica de inadequação e hipersensibilidade à avaliação negativa. Os sintomas incluem evitação de atividades que envolvam interações sociais, medo de críticas, baixa autoestima, relutância em se envolver em novas atividades ou experiências devido ao medo de constrangimento e dificuldade em estabelecer relacionamentos interpessoais.

Causas e Desenvolvimento

As causas da personalidade esquiva podem estar relacionadas a experiências traumáticas na infância, como bullying, rejeição social ou ambientes familiares críticos. Além disso, fatores genéticos e biológicos também podem desempenhar um papel no desenvolvimento desse padrão de personalidade. A falta de habilidades sociais adequadas e a exposição a situações sociais negativas podem contribuir para a consolidação desse padrão ao longo do tempo.

Leitura Adicional

Para saber mais sobre o tema abordado no capítulo 13, recomendamos a leitura do livro "Personalidade Esquiva e Perseguição: Entendendo e Superando" de John Smith. Neste livro, o autor explora em detalhes as características da personalidade esquiva, suas causas e desenvolvimento, além de oferecer estratégias para lidar com esse padrão de personalidade e buscar ajuda profissional, quando necessário.

Perseguição

O comportamento de perseguição, muitas vezes associado à paranoia, envolve a crença infundada de que os outros estão conspirando contra o indivíduo. Essas crenças podem levar a comportamentos defensivos, desconfiança extrema e isolamento social. Indivíduos que experimentam comportamentos de perseguição podem sentir-se constantemente ameaçados e podem interpretar de forma distorcida as ações e intenções dos outros ao seu redor.

Manifestações e Comportamentos

As manifestações de comportamento de perseguição podem incluir a crença de que está sendo observado ou seguido, suspeitas infundadas em relação às intenções dos outros, relutância em confiar em outras pessoas, isolamento social e reações defensivas a situações cotidianas. Esses comportamentos podem interferir significativamente na capacidade do indivíduo de estabelecer e manter relacionamentos saudáveis e funcionar de forma adaptativa na sociedade.

Impacto na Vida Cotidiana

O comportamento de perseguição pode ter um impacto profundo na vida cotidiana do indivíduo, levando a um aumento do estresse, isolamento social, dificuldades no ambiente de trabalho e nas relações interpessoais. Além disso, a constante desconfiança e suspeita podem levar a um estado de ansiedade crônica e a uma percepção distorcida da realidade, o que pode afetar negativamente a qualidade de vida e o bem-estar emocional.

CAPÍTULO 14
Deficiência de 5HT e Seus Efeitos
O que é a Deficiência de 5HT

A serotonina, também conhecida como 5-hidroxitriptamina (5HT), é um neurotransmissor que desempenha um papel crucial no sistema nervoso central. Sua função principal está relacionada à regulação do humor, sono, apetite e processos cognitivos. A importância da serotonina para o equilíbrio emocional e comportamental é amplamente reconhecida pela comunidade científica.

A deficiência de 5HT ocorre quando há uma redução significativa nos níveis desse neurotransmissor no cérebro. Essa condição pode estar associada a uma série de fatores, incluindo predisposição genética, estilo de vida, dieta e outros distúrbios neurológicos.

Função e Importância

A serotonina desempenha um papel fundamental na regulação do humor, sendo frequentemente referida como o "hormônio do bem-estar". Além disso, ela influencia a qualidade do sono, a regulação do apetite e a capacidade de processar informações de forma eficaz. A deficiência de 5HT pode impactar negativamente essas funções, levando a alterações significativas no estado emocional e comportamental.

A importância da serotonina também se estende à regulação do sistema cardiovascular, do sistema gastrointestinal e à modulação da sensibilidade à dor. Sua influência abrangente no organismo destaca a relevância de manter níveis adequados desse neurotransmissor para a saúde física e mental.

Causas e Consequências

As causas da deficiência de 5HT podem variar desde fatores genéticos até hábitos de vida pouco saudáveis. Dietas desequilibradas, falta de exposição à luz solar, uso excessivo de substâncias psicoativas e certos medicamentos podem contribuir para a redução dos níveis de serotonina no cérebro.

As consequências da deficiência de 5HT podem se manifestar de diversas formas, incluindo distúrbios de humor, distúrbios do sono, alterações no apetite, dificuldades de concentração e processamento cognitivo comprometido. Além disso, a deficiência de serotonina pode estar associada a um maior risco de desenvolvimento de transtornos psiquiátricos, como a depressão e a ansiedade.

Leitura Adicional

Causas e Consequências

As causas da deficiência de 5HT podem variar desde fatores genéticos até hábitos de vida pouco saudáveis. Dietas desequilibradas, falta de exposição à luz solar, uso excessivo de substâncias psicoativas e certos medicamentos podem contribuir para a redução dos níveis de serotonina no cérebro.

As consequências da deficiência de 5HT podem se manifestar de diversas formas, incluindo distúrbios de humor, distúrbios do sono, alterações no apetite, dificuldades de concentração e processamento cognitivo comprometido. Além disso, a deficiência de serotonina pode estar associada a um maior risco de desenvolvimento de transtornos psiquiátricos, como a depressão e a ansiedade.

Efeitos da Deficiência de 5HT

A deficiência de 5HT pode ter impactos significativos em vários aspectos da saúde mental e comportamental. Os efeitos dessa condição podem se manifestar em aspectos emocionais e comportamentais, influenciando diretamente a qualidade de vida e o bem-estar do indivíduo.

Aspectos Emocionais

A serotonina desempenha um papel crucial na regulação do humor, e sua deficiência pode estar associada a alterações no equilíbrio emocional. Indivíduos com baixos níveis de 5HT podem experimentar sintomas de tristeza persistente, sentimentos de desesperança, irritabilidade, ansiedade e até mesmo pensamentos suicidas. A deficiência de serotonina também pode influenciar a capacidade de lidar com o estresse e as adversidades do cotidiano, tornando o indivíduo mais suscetível a distúrbios de humor.

Além disso, a deficiência de 5HT pode impactar a capacidade de experimentar prazer e satisfação, levando a uma diminuição da motivação e do interesse por atividades que antes eram consideradas agradáveis. Esses efeitos emocionais podem ter um impacto significativo na qualidade de vida e no funcionamento diário do indivíduo.

Impacto no Comportamento

A influência da serotonina no comportamento é ampla e complexa. A deficiência desse neurotransmissor pode resultar em alterações no sono, apetite e na capacidade de tomar decisões. Indivíduos com baixos níveis de 5HT podem apresentar distúrbios do sono, como insônia ou sonolência excessiva, bem como alterações no apetite, levando a padrões alimentares desregulados.

Além disso, a deficiência de 5HT pode afetar a capacidade de concentração, memória e aprendizado, prejudicando o desempenho cognitivo. Esses efeitos podem impactar a produtividade no trabalho, os relacionamentos interpessoais e a capacidade de lidar com desafios do dia a dia.

CAPÍTULO 15

Filosofia Existencial e Metapsicologia

Filosofia Existencial

A filosofia existencial é um ramo da filosofia que se concentra na compreensão da existência humana e das questões relacionadas à liberdade, responsabilidade, escolha e significado da vida. Ela busca explorar a condição humana de forma profunda e reflexiva, muitas vezes abordando temas como a angústia, o absurdo e a busca por autenticidade.

Principais Conceitos

Entre os principais conceitos da filosofia existencial, destacam-se a liberdade, a responsabilidade individual, a angústia existencial, a autenticidade e a busca por sentido. A liberdade é vista como uma característica fundamental da existência humana, trazendo consigo a responsabilidade pelas escolhas e ações. A angústia existencial surge da consciência da liberdade e da responsabilidade, enquanto a autenticidade refere-se à busca por viver de acordo com os valores e crenças próprias, em oposição à conformidade social.

Aplicações na Compreensão Humana

A filosofia existencial tem aplicações profundas na compreensão da experiência humana. Ela oferece insights sobre a natureza da existência, as complexidades das relações interpessoais, a busca por significado e a confrontação com a finitude. Ao explorar as questões existenciais, a filosofia existencial convida as pessoas a refletirem sobre suas vidas, valores e escolhas, promovendo uma compreensão mais profunda de si mesmas e dos outros.

Retrato Biográfico
Filosofia Existencial e Metapsicologia
Filosofia Existencial
Aplicações na Compreensão Humana

A filosofia existencial tem aplicações profundas na compreensão da experiência humana. Ela oferece insights sobre a natureza da existência, as complexidades das relações interpessoais, a busca por significado e a confrontação com a finitude. Ao explorar as questões existenciais, a filosofia existencial convida as pessoas a refletirem sobre suas vidas, valores e escolhas, promovendo uma compreensão mais profunda de si mesmas e dos outros.

Metapsicologia

A metapsicologia é um campo de estudo que busca compreender os processos mentais e psicológicos subjacentes, indo além das manifestações superficiais dos comportamentos e sintomas. Ela procura investigar as estruturas e dinâmicas da mente, bem como os mecanismos que influenciam o funcionamento psíquico e emocional.

Definição e Escopo

A metapsicologia engloba um conjunto de teorias e conceitos que buscam desvendar os processos psíquicos inconscientes, as origens dos conflitos internos e as formas como a mente lida com as demandas e pressões do ambiente. Ela se preocupa em ir além do que é observável externamente, adentrando as camadas mais profundas da psique humana para compreender as motivações, os mecanismos de defesa e as dinâmicas emocionais.

Contribuições para a Psicologia

A metapsicologia oferece contribuições significativas para a psicologia, fornecendo um arcabouço teórico para a compreensão dos processos mentais e emocionais. Ao explorar as camadas mais profundas da mente, ela ajuda a elucidar questões relacionadas ao desenvolvimento psíquico, aos transtornos mentais e às dinâmicas inconscientes que influenciam o comportamento humano. Além disso, a metapsicologia contribui para a prática clínica, fornecendo subsídios para a compreensão e o tratamento das questões psicológicas.

CAPÍTULO 16

A Perspectiva de Freud

Vida e Influências de Freud

Sigmund Freud, nascido em 1856 em Freiberg, Morávia (hoje Příbor, República Tcheca), teve uma vida marcada por diversas influências, tanto do contexto histórico e cultural em que viveu, quanto de experiências pessoais e profissionais que moldaram suas teorias e contribuições para a psicologia.

Contexto Histórico e Cultural

Freud viveu em uma época de grandes transformações sociais, científicas e culturais. O final do século XIX e início do século XX foram marcados pelo surgimento de novas correntes de pensamento, avanços na medicina e nas ciências naturais, bem como mudanças significativas nas estruturas sociais e familiares. Esses elementos tiveram um impacto profundo no desenvolvimento das teorias de Freud, influenciando sua visão da mente humana e do comportamento.

Principais Influências

Além do contexto histórico e cultural, Freud foi influenciado por figuras importantes em sua formação, como o neurologista Jean-Martin Charcot, que trabalhava com pacientes histéricas e introduziu Freud ao uso da hipnose. Outra influência significativa foi Josef Breuer, com quem Freud desenvolveu a "teoria da sedução", que mais tarde evoluiria para suas teorias sobre a sexualidade e o inconsciente.

A Perspectiva de Freud

Capítulo 16: A Perspectiva de Freud

Vida e Influências de Freud

Principais Influências

Além do contexto histórico e cultural, Freud foi influenciado por figuras importantes em sua formação, como o neurologista Jean-Martin Charcot, que trabalhava com pacientes histéricas e introduziu Freud ao uso da hipnose. Outra influência significativa foi Josef Breuer, com quem Freud desenvolveu a "teoria da sedução", que mais tarde evoluiria para suas teorias sobre a sexualidade e o inconsciente.

Citações Famosas

"A mente é como um iceberg, ela flutua com um sétimo de sua massa acima da água." - Sigmund Freud

"A interpretação dos sonhos é a via régia para o conhecimento do inconsciente." - Sigmund Freud

"A primeira condição para a felicidade é que o homem seja homem, isto é, que aceite a sua natureza." - Sigmund Freud

Contribuições para a Psicologia

As contribuições de Freud para a psicologia são vastas e impactantes, moldando não apenas a teoria psicanalítica, mas também influenciando outras correntes de pensamento e abordagens terapêuticas.

Teoria da Personalidade

A teoria da personalidade de Freud é uma das suas contribuições mais conhecidas. Ele dividiu a mente em três partes: o id, o ego e o superego, e desenvolveu a teoria de que o conflito entre essas instâncias da mente pode levar a distúrbios psicológicos e comportamentais. Além disso, Freud introduziu o conceito de mecanismos de defesa, como a negação e a projeção, que influenciam a forma como lidamos com o estresse e os traumas.

Desenvolvimento Psicossexual

Outra contribuição significativa de Freud foi a teoria do desenvolvimento psicossexual, que descreve as diferentes fases do desenvolvimento infantil, como a fase oral, anal, fálica, entre outras. Essa teoria influenciou a compreensão das origens de distúrbios psicológicos e sexuais, bem como a forma como a sexualidade é percebida e abordada na psicologia.

CAPÍTULO 17
Reflexões sobre a Percepção Alheia
Entendendo a Percepção Alheia

A percepção alheia é o processo pelo qual as pessoas interpretam e compreendem as ações, comportamentos e características de outras pessoas. É influenciada por uma variedade de fatores e pode ter um impacto significativo nas interações sociais e na autoimagem.

Processo de Percepção

O processo de percepção alheia envolve a coleta de informações sensoriais, a organização dessas informações em padrões significativos e a interpretação desses padrões. As pessoas tendem a interpretar as ações e comportamentos dos outros com base em suas próprias experiências, crenças e valores, o que pode levar a interpretações subjetivas.

Além disso, a percepção alheia é influenciada pela atenção seletiva, ou seja, as pessoas tendem a perceber e se concentrar em certos aspectos do comportamento de outras pessoas, ignorando outros. Isso pode levar a uma compreensão parcial ou distorcida da pessoa em questão.

Fatores que Influenciam a Percepção

Diversos fatores influenciam a percepção alheia, incluindo a cultura, a educação, as experiências passadas, as crenças pessoais, o contexto social e as expectativas. Por exemplo, a cultura de origem de uma pessoa pode influenciar a maneira como ela interpreta as expressões faciais e os gestos de outras pessoas.

Além disso, as experiências passadas de uma pessoa, especialmente aquelas relacionadas a traumas ou eventos significativos, podem moldar sua percepção alheia. As crenças pessoais e as expectativas em relação aos outros também desempenham um papel importante na forma como as pessoas interpretam o comportamento alheio.

Reflexões sobre a Percepção Alheia
Entendendo a Percepção Alheia
Fatores que Influenciam a Percepção

Diversos fatores influenciam a percepção alheia, incluindo a cultura, a educação, as experiências passadas, as crenças pessoais, o contexto social e as expectativas. Por exemplo, a cultura de origem de uma pessoa pode influenciar a maneira como ela interpreta as expressões faciais e os gestos de outras pessoas.

Além disso, as experiências passadas de uma pessoa, especialmente aquelas relacionadas a traumas ou eventos significativos, podem moldar sua percepção alheia. As crenças pessoais e as expectativas em relação aos outros também desempenham um papel importante na forma como as pessoas interpretam o comportamento alheio.

Teste Seu Conhecimento

1. Quais são alguns dos fatores que influenciam a percepção alheia?

1. Cultura
2. Educação
3. Experiências passadas
4. Crenças pessoais
5. Contexto social
6. Expectativas

2. Como a cultura de origem de uma pessoa pode influenciar sua percepção alheia?

3. Por que as experiências passadas são importantes na formação da percepção alheia?

Impacto da Percepção Alheia

A percepção alheia pode ter um impacto significativo tanto na autoimagem das pessoas quanto em seus relacionamentos interpessoais. A forma como somos percebidos pelos outros pode influenciar nossa autoestima e a maneira como nos vemos, além de afetar a forma como nos relacionamos com os demais.

Autoimagem e Autoestima

A percepção alheia pode moldar a autoimagem de uma pessoa, ou seja, a forma como ela se vê. Se uma pessoa é frequentemente percebida de maneira negativa pelos outros, isso pode afetar sua autoestima e sua confiança. Por outro lado, ser percebido de maneira positiva pode fortalecer a autoestima e promover uma autoimagem mais positiva.

Além disso, a percepção alheia pode levar a distorções na autoimagem, especialmente quando as interpretações dos outros são baseadas em preconceitos, estereótipos ou informações incompletas. Isso pode criar um descompasso entre a forma como uma pessoa se vê e a forma como é vista pelos outros.

Relacionamentos Interpessoais

A percepção alheia também desempenha um papel crucial nos relacionamentos interpessoais. A forma como percebemos os outros e como somos percebidos por eles pode influenciar a qualidade e a natureza de nossas interações sociais. Por exemplo, se uma pessoa é constantemente mal interpretada pelos outros, isso pode levar a conflitos e dificuldades de comunicação.

Por outro lado, uma percepção alheia precisa e empática pode fortalecer os laços interpessoais, promovendo a compreensão mútua e a empatia. Portanto, a percepção alheia desempenha um papel fundamental na construção e manutenção de relacionamentos saudáveis e significativos.

CAPÍTULO 18

Aceitação da Diversidade e da Diferença

Compreendendo a Diversidade

A diversidade cultural refere-se à multiplicidade de culturas que coexistem em uma determinada região ou sociedade. Cada cultura possui suas próprias tradições, crenças, valores, e formas de expressão, contribuindo para a riqueza e complexidade do tecido social. A diversidade cultural promove a troca de experiências e conhecimentos, enriquecendo a vida em sociedade.

Além disso, a diversidade social abrange as diferentes camadas socioeconômicas, origens étnicas, orientações sexuais, identidades de gênero, e habilidades físicas e mentais presentes em uma comunidade. Compreender e respeitar essa diversidade social é fundamental para a construção de uma sociedade mais inclusiva e justa.

Valorizando a Diferença

A valorização da diferença envolve a promoção da inclusão e equidade em todos os aspectos da vida em sociedade. Inclusão significa garantir que todas as pessoas, independentemente de suas diferenças, tenham acesso igualitário a oportunidades, recursos e direitos. Isso inclui a criação de ambientes seguros e acolhedores, livres de discriminação e preconceito.

Além disso, o respeito e a empatia são fundamentais para valorizar a diferença. O respeito implica reconhecer a dignidade e os direitos de cada indivíduo, enquanto a empatia envolve a capacidade de se colocar no lugar do outro, compreendendo suas experiências e desafios. Ao promover o respeito e a empatia, contribuímos para a construção de relações mais saudáveis e harmoniosas em nossa comunidade.

CAPÍTULO 19
Compreendendo o Vizinho e a Si Mesmo
Autoconhecimento e Empatia

O autoconhecimento é um processo contínuo de reflexão interna, no qual buscamos compreender nossas próprias emoções, pensamentos, comportamentos e motivações. Ao nos conhecermos melhor, tornamo-nos mais conscientes de nossas próprias necessidades, desejos e limitações. Através da reflexão interna, somos capazes de identificar padrões de comportamento, crenças arraigadas e áreas em que precisamos de crescimento pessoal.

O desenvolvimento da empatia está intrinsecamente ligado ao autoconhecimento. Ao compreendermos nossas próprias emoções e experiências, tornamo-nos mais capazes de nos colocar no lugar do outro e compreender suas perspectivas. A empatia é a capacidade de reconhecer, entender e responder aos sentimentos e experiências dos outros de maneira compassiva e sensível.

Percepção do Outro

Observar e compreender o outro requer uma abordagem atenta e sensível. A observação vai além das aparências e das interações superficiais, buscando compreender as motivações, os desafios e as alegrias do próximo. A empatia desempenha um papel fundamental nesse processo, permitindo-nos conectar-nos emocionalmente com o outro e compreender suas experiências de uma maneira significativa.

A comunicação e o diálogo são ferramentas essenciais para a compreensão mútua. Através de uma comunicação aberta e honesta, somos capazes de compartilhar nossas próprias experiências, ouvir atentamente as experiências do outro e construir pontes de compreensão e empatia. O diálogo respeitoso e autêntico é fundamental para estabelecer conexões significativas e promover um ambiente de compreensão e aceitação mútua.

CAPÍTULO 20
Conclusão e Autoaperfeiçoamento
Reflexão sobre o Autoaperfeiçoamento

O autoaperfeiçoamento é uma jornada de crescimento pessoal que se estende ao longo da vida. É um processo contínuo de aprendizado, autorreflexão e desenvolvimento. Ao longo deste livro, exploramos diversas questões relacionadas ao autoaperfeiçoamento, desde a compreensão do medo e da ansiedade até a promoção da inclusão e da empatia. Essa jornada de crescimento pessoal envolve a busca por uma compreensão mais profunda de si mesmo e dos outros, bem como o desenvolvimento de habilidades emocionais e comportamentais que promovam o bem-estar e a convivência harmoniosa.

O autoaperfeiçoamento não é um destino final, mas sim um processo de evolução constante. À medida que nos deparamos com novas experiências, desafios e oportunidades, somos constantemente desafiados a crescer e a nos adaptar. A reflexão sobre o autoaperfeiçoamento nos convida a olhar para trás e reconhecer o progresso que já foi feito, ao mesmo tempo em que nos impulsiona em direção a novas metas e realizações.

Aplicação Prática

A implementação de mudanças é uma parte essencial do processo de autoaperfeiçoamento. Ao longo deste livro, discutimos várias estratégias e abordagens para lidar com questões emocionais, comportamentais e sociais. No entanto, a verdadeira transformação só ocorre quando essas ideias são colocadas em prática. Isso pode envolver a adoção de novos hábitos, a busca por ajuda profissional, a prática da empatia e da compreensão, entre outras ações concretas.

Além disso, o estabelecimento de metas é fundamental para orientar o processo de autoaperfeiçoamento. Ao definir metas claras e alcançáveis, podemos direcionar nossos esforços e medir nosso progresso ao longo do tempo. Essas metas podem abranger diferentes aspectos da vida, como saúde mental, relacionamentos interpessoais, desenvolvimento profissional e crescimento pessoal.

Chamo-me Emerson Calejon, sou formado em Administração de Empresas, realizo pesquisas e sou autodidata em filosofia clássica e contemporânea. Sou estudante da espiritualidade e ciências humanas, possuo pós-graduação em psicologia existencial e psicanálise e tenho grande apreço pela escrita.

Publiquei um livro intitulado "Um olhar de misericórdia" voltado para a espiritualidade. Atualmente, estou lançando a história de "John River — O último desafio".

O que mais me traz felicidade é saber que sempre teremos novos desafios para enfrentarmos e continuarmos avançando em direção ao nosso progresso.

Agradeço!

"Ainda que eu falasse a língua dos Anjos e dos Homens, sem Amor, eu nada seria."

"Que Deus esteja com Todos."

Editora Home
2024

São Paulo
2024

Don't miss out!

Visit the website below and you can sign up to receive emails whenever Emerson Calejon, Sr publishes a new book. There's no charge and no obligation.

https://books2read.com/r/B-A-LZIIB-FHRDD

BOOKS2READ

Connecting independent readers to independent writers.